BAHAMUT AND THE WAQWAQ TREE

SPIELANLEITUNG

Inhaltsverzeichnis

KAPITEL 1: EINFÜHRUNG IN MA'EEN

1.1 Überblick über Ma'een

Ma'een ist eine uralte und mystische Unterwasserwelt, die das Herzstück von bildet *Bahamut und der Waqwaq-Baum*. Es ist ein Ort, an dem Licht und Dunkelheit ständig um die Vorherrschaft kämpfen und der weite Ozean sowohl atemberaubende Schönheit als auch lauernde Gefahren birgt. Die Welt von Ma'een ist reich an Geschichte und ihr Ökosystem ist eng mit der Existenz des Waqwaq-Baums verbunden, einem uralten Wesen, das als Lebensquelle für das Reich dient.

Ma'een ist optisch atemberaubend, voller lebendiger Wasserlebewesen, mysteriöser Ruinen und dichten Wäldern mit Unterwasserflora. Die gesamte Umgebung basiert auf dem Konzept eines empfindlichen Gleichgewichts zwischen den Kräften des Lichts und der Dunkelheit, die jeweils die Bewohner, Kreaturen und das Land selbst beeinflussen. Der Ozean beherbergt majestätische Korallenriffe, mystische Ruinen und eine biolumineszierende Flora, die die Tiefen erhellen und eine surreale Atmosphäre voller Wunder schaffen.

Das Spiel folgt dem Protagonisten, der sich auf eine Reise begibt, um das Gleichgewicht in Ma'een wiederherzustellen, nachdem Bahamut und Falak verschwunden sind – zwei Wesen, die mit Licht bzw. Dunkelheit verbunden sind. Der Verlust dieser Wesen hat zu einer Störung der natürlichen Ordnung geführt, was dazu geführt hat, dass dunkle Wesen das Unterwasserreich verderben.

In diesem Kapitel entdecken die Spieler die Geschichte von Ma'een, die antiken Wesenheiten, die seine Existenz geprägt haben, und die Rolle, die der Waqwaq-Baum bei der Aufrechterhaltung von Leben und Ordnung spielt. Die Spieler werden auch erleben, wie sich die

Korruption ausbreitet und wie der Protagonist durch die weite, mysteriöse Welt navigieren muss, um verborgene Geheimnisse aufzudecken und Ma'eens verblassendes Licht wiederherzustellen.

1.2 Der Waqwaq-Baum

Der Waqwaq-Baum ist ein zentrales Symbol in *Bahamut und der Waqwaq-Baum*, das Leben, Wachstum und Gleichgewicht in der Welt von Ma'een repräsentiert. Der Waqwaq-Baum ist eng mit der Entstehung und Entwicklung des Reiches verbunden und stellt eine heilige Einheit dar, die die lebendigen Ökosysteme des Ozeans pflegt und erhält. Es wird gesagt, dass sich die Wurzeln des Baumes durch die gesamte Unterwasserwelt erstrecken und ihn in der Struktur von Ma'een verankern.

Dieser uralte Baum ist nicht nur eine Lebensquelle für die Kreaturen von Ma'een, sondern stellt auch ein entscheidendes Gleichgewicht zwischen Licht und Dunkelheit dar. Seine Existenz ist mit den kosmischen Kräften von Bahamut und Falak verbunden – zwei Urwesen, die jeweils Licht und Dunkelheit verkörpern. Es wird angenommen, dass die leuchtenden Früchte des Baumes die vielen Arten hervorbringen, die Ma'een bevölkern, vom kleinsten Plankton bis hin zu den kolossalen Meeresbewohnern, die in der Tiefe umherstreifen.

Allerdings ist der Waqwaq-Baum nicht ohne Geheimnisse. Man sagt, dass die Wurzeln des Baumes die Macht besitzen, den Fluss von Zeit und Raum zu manipulieren, und dass seine Früchte angeblich die Fähigkeit besitzen, die Natur der Welt zu verändern. Doch mit dem mysteriösen Verschwinden von Bahamut und Falak begann der Waqwaq-Baum zu verdorren, seine einst leuchtenden Früchte verblassten und seine Wurzeln zeigten Anzeichen von Verfall.

Während sich der Protagonist durch Ma'een wagt, wird er die wahre Natur des Waqwaq-Baums aufdecken und steht vor der Aufgabe, die Korruption zu beseitigen, die ihn zu zerstören droht. Das Schicksal des Baumes ist eng mit dem Überleben von Ma'een selbst verbunden, und nur wenn der Protagonist seine tiefere Verbindung zum Licht und der Dunkelheit der Welt versteht, kann er hoffen, das Gleichgewicht wiederherzustellen und das Reich zu retten.

1.3 Bahamut und Falak

Bahamut und Falak sind zwei Urwesen von immenser Macht und Bedeutung in der Welt von Ma'een. Sie verkörpern die Kräfte des Lichts bzw. der Dunkelheit und ihre Existenz ist für das empfindliche Gleichgewicht, das die Harmonie des Unterwasserreichs aufrechterhält, von entscheidender Bedeutung. Ihr Verschwinden hat zu einer katastrophalen Auflösung der natürlichen Weltordnung geführt und Ma'een in Aufruhr gestürzt.

Bahamut, die Verkörperung des Lichts, ist ein strahlendes und ätherisches Wesen, dessen bloße Anwesenheit die Tiefen des Ozeans erleuchtet. Er ist die Quelle der Schöpfung, leitet das Leben und fördert das Wachstum in ganz Ma'een. Bahamuts Licht ist nicht nur physisch, sondern auch symbolisch und repräsentiert Hoffnung, Weisheit und die positiven Energien, die das Reich am Leben erhalten. Sein Einfluss zeigt sich in den lebendigen Ökosystemen, der blühenden Flora und der Harmonie zwischen den Kreaturen von Ma'een. Bahamuts Licht soll einst den Waqwaq-Baum genährt haben und ihn zur zentralen Säule des Lebens in Ma'een gemacht haben.

Falak hingegen ist die Verkörperung der Dunkelheit, jedoch nicht im Sinne des reinen Bösen. Seine Dunkelheit ist eine natürliche Kraft, die das Unbekannte, das Mysterium und das notwendige

Gleichgewicht für die Welt darstellt. Falaks Anwesenheit bringt Nacht, Schatten und Ruhe in die ansonsten strahlende Welt und sorgt für Ruhe, Selbstbeobachtung und Schutz. Sein Einfluss stellt sicher, dass das Licht von Bahamut die Welt nicht überwältigt und ein Gleichgewicht zwischen Tag und Nacht, Schöpfung und Verfall aufrechterhält. Falaks dunklere Natur beherrscht auch die verborgenen, geheimnisvollen Aspekte von Ma'een, einschließlich der Tiefen des Ozeans und der darunter liegenden antiken Ruinen.

Zusammen bildet die Dualität von Bahamut und Falak die grundlegende Kraft, die Ma'een im Gleichgewicht hält. Doch ihr plötzliches Verschwinden hat die Welt ins Chaos gestürzt. Ohne ihre Führungskräfte verblasst das Licht von Bahamut und die Dunkelheit von Falak breitet sich unkontrolliert aus, was zur Korruption des Waqwaq-Baums und zum Aufstieg dunkler Wesen führt, die das Reich zu verschlingen drohen.

Die Reise des Protagonisten ist eng mit dem Schicksal von Bahamut und Falak verbunden. Während sie versuchen, das Gleichgewicht wiederherzustellen, werden sie die Wahrheit hinter dem Verschwinden der Wesen aufdecken, die Konsequenzen ihrer Abwesenheit erforschen und letztendlich über die Zukunft von Licht und Dunkelheit in Ma'een entscheiden.

1.4 Das Verschwinden

Das plötzliche und mysteriöse Verschwinden von Bahamut und Falak ist der Auslöser für das Chaos, das Ma'een erfasst. Ohne diese beiden Urwesen, die das Gleichgewicht zwischen Licht und Dunkelheit aufrechterhalten, ist Ma'een ins Chaos geraten, und die Kräfte der Korruption breiten sich unkontrolliert aus und drohen, das Reich zu überwältigen.

Das Ereignis, das zu ihrem Verschwinden führte, ist geheimnisvoll und seine Ursprünge sind eng mit den alten Mächten verbunden, die Ma'een regieren. Einige glauben, dass Bahamuts und Falaks Weggang freiwillig war, ein selbst auferlegtes Exil, um eine drohende Katastrophe zu verhindern, die die Welt zerstört hätte. Andere vermuten, dass die Wesen von ihrer eigenen widersprüchlichen Natur – Bahamuts überwältigendem Licht und Falaks immer weiter eindringender Dunkelheit – verzehrt wurden und sie in einen unumkehrbaren Zusammenstoß zwangen, der zu ihrem Verschwinden führte.

Was auch immer der Grund sein mag, ihre Abwesenheit hat eine Lücke hinterlassen, die in ganz Ma'een zu spüren ist. Der Waqwaq-Baum, der einst unter Bahamuts Licht und Falaks schützender Dunkelheit gedieh, beginnt zu verdorren, seine einst leuchtenden Früchte verblassen und seine Wurzeln zeigen Anzeichen von Verfall. Die einst harmonischen Unterwasserökosysteme werden nun von dunklen Wesen geplagt, die durch das Ungleichgewicht, das die vermissten Wesen hinterlassen haben, ins Wanken geraten.

Während sich der Protagonist auf die Reise begibt, entdeckt er Fragmente antiker Texte und Relikte, die auf die wahre Natur des Verschwindens hinweisen. Einige Geschichten sprechen von einer mächtigen Macht – vielleicht einem verborgenen Feind oder einem uralten Fluch –, die für die Trennung von Bahamut und Falak verantwortlich sein könnte. Andere Gerüchte deuten darauf hin, dass das Verschwinden ein größeres kosmisches Ereignis sein könnte, das über Ma'een hinausgeht und die ganze Welt betrifft.

Die Aufgabe des Protagonisten besteht nicht nur darin, den Waqwaq-Baum wiederherzustellen und Ma'een von Korruption zu befreien, sondern auch darin, die Wahrheit hinter dem Verschwinden von Bahamut und Falak aufzudecken. War es eine Wahl? Eine Folge eines größeren Plans? Oder eine unvorhergesehene Tragödie, die das Gefüge des Reiches zu zerstören droht? Die Antworten liegen tief in Ma'een, und der Protagonist muss durch tückische Gewässer navigieren, alte Geheimnisse aufdecken und das Gleichgewicht zwischen Licht und Dunkelheit wiederherstellen, um die Welt zu retten.

KAPITEL 2: GAMEPLAY-MECHANIK

2.1 Bewegungssystem

Das Bewegungssystem in *Bahamut und der Waqwaq-Baum* ist darauf ausgelegt, ein flüssiges und immersives Unterwassererlebnis zu bieten, das es den Spielern ermöglicht, mit Leichtigkeit und Anmut durch die weite Wasserwelt von Ma'een zu navigieren. Im Gegensatz zu herkömmlichen landgestützten Bewegungssystemen basiert die Reise des Protagonisten auf Schwimmen, mit einer einzigartigen Steuerungsmechanik, die das Gefühl des Driftens durch Wasser widerspiegelt.

Spieler können sich frei in alle Richtungen bewegen – nach oben, unten, links und rechts – und simulieren so die Schwerelosigkeit und Flexibilität der Unterwasserbewegung. Der Protagonist bewegt sich mit fließenden Bewegungen durch die Tiefe und nutzt dabei ein intuitives Steuerungssystem, das auf sanfte Bewegungen und Erkundungen Wert legt. Die Bewegung des Spiels soll sich natürlich anfühlen, wobei der Protagonist in der Lage ist, sanft zu beschleunigen, abzubremsen und die Richtung zu ändern, was sowohl ein schnelles Durchqueren als auch eine langsame, methodische Erkundung der Umgebung ermöglicht.

Zusätzlich zum einfachen Schwimmen verfügt der Protagonist über die Fähigkeit, spezielle Manöver auszuführen, wie zum Beispiel zu sprinten, um größere Distanzen schnell zurückzulegen, oder enge Kurven zu fahren, um Hindernissen und Feinden auszuweichen. Die Spieler müssen diese Bewegungen beherrschen, um Rätsel zu lösen, durch enge Gänge zu navigieren und gefährlichen Situationen zu entkommen, in denen die Zeit von entscheidender Bedeutung ist. Im Verlauf des Spiels können neue Fähigkeiten oder Upgrades die Mobilität des Protagonisten verbessern, z. B. tiefer tauchen, schneller aufsteigen oder vorübergehende Geschwindigkeitssteigerungen freischalten.

2.2 Licht und Dunkelheit

Das Zusammenspiel von Licht und Dunkelheit ist ein zentraler Mechanismus in *Bahamut und der Waqwaq-Baum*, das das Erzählthema des Gleichgewichts und der Kräfte widerspiegelt, die Ma'een formen. Der Protagonist muss durch das Reich navigieren, indem er sowohl Licht als auch Dunkelheit nutzt, um Rätsel zu lösen, Feinde zu bekämpfen und versteckte Pfade freizuschalten. Diese beiden Kräfte sind nicht nur ästhetische Entscheidungen, sondern dienen als wesentliche Spielmechanik, die sich sowohl auf die Umgebung als auch auf die Fähigkeiten des Protagonisten auswirkt.

Licht: Licht ist ein entscheidendes Element in Ma'een und repräsentiert die Kraft von Bahamut und die positiven Kräfte der Schöpfung. Licht kann verwendet werden, um abgedunkelte Bereiche zu beleuchten, beschädigte Bereiche zu reinigen und Umwelträtsel zu lösen. In einigen Bereichen kann Licht verwendet werden, um mit bestimmten Objekten zu interagieren oder Mechanismen zu aktivieren, die auf dem Energiefluss beruhen. Der Protagonist kann Licht in verschiedenen Formen wie Laternen oder leuchtenden Pflanzen einsetzen, um die sich ausbreitende Dunkelheit zurückzudrängen und verborgene Geheimnisse zu enthüllen.

Dunkelheit: Auf der anderen Seite des Spektrums repräsentiert Dunkelheit die Macht von Falak und dem Unbekannten. Es kann strategisch eingesetzt werden, um den Protagonisten vor Feinden zu verbergen oder die Umgebung auf unerwartete Weise zu manipulieren. Die Dunkelheit könnte es dem Protagonisten ermöglichen, ansonsten unüberwindbare Barrieren zu überwinden, schattenbasierte Mechanismen zu aktivieren oder sich an feindlichen Kreaturen vorbeizuschleichen, die auf Licht reagieren. Allerdings kann eine längere Einwirkung der Dunkelheit zu Verderbnis führen, was es zu einem zweischneidigen Schwert macht, das sorgfältigen Umgang erfordert.

Das Gleichgewicht zwischen Licht und Dunkelheit ist der Schlüssel zum Fortschritt in Ma'een. Bestimmte Bereiche können von Dunkelheit überschwemmt sein, und die Spieler müssen Licht verwenden, um den Bereich zu reinigen, während andere möglicherweise in Licht gehüllt sind, sodass der Protagonist die Dunkelheit umarmen muss, um verborgene Pfade aufzudecken. Um Rätsel zu lösen, Feinde zu besiegen und das Gleichgewicht von Ma'een wiederherzustellen, ist es wichtig zu verstehen, wann die einzelnen Kräfte eingesetzt werden müssen.

2.3 Umwelträtsel

Umwelträtsel spielen dabei eine wichtige Rolle *Bahamut und der Waqwaq-Baum*Dies dient sowohl als Herausforderung als auch als Möglichkeit, die Auseinandersetzung des Spielers mit Ma'eens Welt zu vertiefen. Diese Rätsel sind eng mit der Überlieferung verbunden, und viele erfordern zur Lösung sowohl Licht als auch Dunkelheit. Die Spieler müssen die Umgebung manipulieren, mit alten Mechanismen interagieren und natürliche Elemente nutzen, um im Spiel voranzukommen.

Die Rätsel variieren in ihrer Komplexität und reichen von einfachen Aufgaben wie dem Aktivieren von Schaltern mithilfe von Licht oder Schatten bis hin zu komplexeren Herausforderungen, bei denen mehrere Umgebungsfaktoren kombiniert werden. Beispielsweise kann es bei einigen Rätseln erforderlich sein, dass der Spieler Lichtquellen auf eine bestimmte Art und Weise positionieren muss, um versteckte Pfade freizulegen oder das Gleichgewicht in beschädigten Bereichen wiederherzustellen. Andere erfordern möglicherweise die Manipulation von Unterwasserströmungen, die Positionierung von Objekten, um Licht zu blockieren oder zu reflektieren, oder den Einsatz von Lebewesen, um das Problem zu lösen.

In einigen Fällen ändert sich die Umgebung selbst dynamisch als Reaktion auf die Aktionen des Spielers. Beispielsweise könnte die Störung eines Korallenstücks eine Kaskade von Ereignissen auslösen, etwa das Aufschließen einer versteckten Tür oder den Einsturz einer Höhle, wodurch neue Gebiete zum Erkunden freigelegt werden. Mit fortschreitendem Spiel werden die Rätsel komplexer und beinhalten neue Fähigkeiten und Mechaniken, die die Spieler dazu zwingen, kreativ zu denken und mit der Spielwelt zu experimentieren.

Die Umwelträtsel dienen auch dazu, die Geschichte von Ma'een und seiner alten Zivilisation zu erzählen, bieten oft Einblicke in die Vergangenheit und weisen auf die tieferen Geheimnisse rund um das Verschwinden von Bahamut und Falak hin. Während der Spieler diese Rätsel löst, wird er Fragmente der Weltgeschichte und Überlieferungen entdecken und so die größere Erzählung zusammensetzen.

2.4 Kampf und Verteidigung

Während *Bahamut und der Waqwaq-Baum* konzentriert sich stark auf Erkundung und das Lösen von Rätseln, der Kampf ist ein wesentlicher Teil des Gameplays, insbesondere wenn der Protagonist tiefer in die verdorbenen Regionen von Ma'een vordringt. Die

Feinde, die diese Gebiete bewohnen, sind verdrehte, dunkle Versionen der Kreaturen, die einst im Einklang mit dem Licht gediehen. Sie sind Ausdruck des Ungleichgewichts zwischen Licht und Dunkelheit und machen Kampfbegegnungen sowohl herausfordernd als auch thematisch.

Die Kämpfe im Spiel sind rasant und strategisch und erfordern, dass der Spieler sowohl seinen Verstand als auch seine Fähigkeiten einsetzt, um Feinde zu besiegen. Der Protagonist hat Zugriff auf eine Reihe lichtbasierter Angriffe, beispielsweise Strahlen strahlender Energie, und schattenbasierte Fähigkeiten, beispielsweise das Errichten von Barrieren oder das Auslösen dunkler Impulse. Diese Kräfte sind an die Verbindung des Protagonisten zu Bahamut und Falak gebunden, und die Beherrschung ihres Einsatzes ist für die Überwindung von Feinden und Hindernissen unerlässlich.

Ebenso wichtig im Spiel ist die Verteidigung. Der Protagonist kann Verteidigungsfähigkeiten nutzen, um feindliche Angriffe abzuwehren oder ihnen auszuweichen. Leichte Schilde können beispielsweise eingesetzt werden, um ankommende Projektile abzuwehren oder sich vor Feinden zu schützen, die schweren Schaden anrichten. Dunkelheit kann auch einem Verteidigungszweck dienen, indem sie Schattenumhänge erschafft, um sich vor Feinden zu verstecken oder sie in Bereichen mit verdorbenem Schatten einzusperren und sie an der Verfolgung zu hindern.

Mit zunehmendem Fortschritt werden die Spieler immer schwierigeren Gegnern gegenüberstehen, die eine Mischung aus Strategie, Timing und Anpassung erfordern. Einige Feinde sind möglicherweise resistent gegen Licht oder Dunkelheit, was den Spieler dazu zwingt, zwischen seinen Fähigkeiten zu wechseln oder alternative Wege zu finden, um die Umgebung auszunutzen. Bosskämpfe werden besonders herausfordernd sein und erfordern, dass der Spieler sein gesamtes Arsenal an Fähigkeiten und sein Wissen über die Spielwelt einsetzt, um mächtige Gegner zu besiegen.

Kampfbegegnungen sind ebenfalls mit der Geschichte und der Erkundung verknüpft. Während der Protagonist verdorbene Gebiete säubert, trifft er nicht nur auf dunkle Wesen, sondern deckt auch wichtige Überlieferungen auf, die dabei helfen, das tiefere Geheimnis des Verschwindens von Bahamut und Falak zu erklären.

KAPITEL 3: DIE UNTERWASSERREICHE

3.1 Lebendige Ökosysteme

Ma'een ist die Heimat einer Vielzahl lebendiger und vielfältiger Ökosysteme, jedes mit seiner einzigartigen Flora, Fauna und Umweltbedingungen. Die Welt unter den Wellen ist voller Leben, von den farbenfrohen Korallenriffen und biolumineszierenden Pflanzen bis hin zu den majestätischen Meeresbewohnern, die in den Tiefen umherstreifen. Diese Ökosysteme spielen eine entscheidende Rolle im Spiel, da sie nicht nur die Kulisse für die Erkundung bieten, sondern auch das Lösen von Rätseln und das Gameplay beeinflussen.

Der Protagonist wird auf verschiedene Biome stoßen, die jeweils ein eigenes visuelles Erlebnis und eine besondere Gameplay-Herausforderung bieten. Üppige Unterwasserwälder, in denen sich leuchtende Pflanzen in den Strömungen wiegen, bieten Lichtquellen, die die Dunkelheit erhellen. Ausgedehnte Korallenfelder, in denen Fischschwärme zwischen den Strukturen hin und her huschen, dienen als Knotenpunkte für Erkundungen und verbergen wertvolle Geheimnisse. Diese Gebiete sind oft reich an Ressourcen, die der Spieler sammeln kann, beispielsweise Pflanzen zum Basteln oder antike Relikte, die Hinweise auf die Vergangenheit bieten.

Jedes Ökosystem ist außerdem voller einzigartiger Lebewesen, die auf unterschiedliche Weise mit der Umwelt interagieren. Einige Kreaturen sind friedlich und neugierig, während andere möglicherweise feindselig sind und auf die Anwesenheit des Protagonisten reagieren. Einige Kreaturen können dem Protagonisten sogar helfen, indem sie mit Umgebungselementen interagieren und dabei helfen, neue Wege freizuschalten oder Rätsel zu lösen.

Während der Spieler durch Ma'een navigiert, muss er sich an die verschiedenen Ökosysteme anpassen und die natürlichen Elemente in jedem Biom nutzen, um voranzukommen. Das Gleichgewicht zwischen Licht und Dunkelheit beeinflusst die Vitalität dieser Ökosysteme und die Handlungen des Protagonisten entscheiden darüber, ob sie gedeihen oder verdorren.

3.2 Antike Ruinen

Überall in Ma'een sind die Überreste einer alten Zivilisation verstreut, die heute der Vergangenheit angehört. Diese Ruinen erzählen die Geschichte der Menschen, die einst im Einklang mit Ma'eens Licht und Dunkelheit lebten, deren Untergang jedoch mit der Korruption einherging, die jetzt die Welt bedroht. Die Ruinen sind voller bröckelnder Steinstrukturen, versunkener Tempel und vergessener Schreine, die alle mit aufwendigen Schnitzereien und Symbolen geschmückt sind, die Teile der Weltgeschichte offenbaren.

Die antiken Ruinen dienen als zentraler Ort zum Lösen und Erkunden von Rätseln. Viele dieser Bauwerke liegen tief unter dem Ozean, versteckt in den dunklen Ecken von Ma'een, und sind schwer zu erreichen. Spieler müssen durch tückisches Unterwassergelände navigieren, komplexe Umwelträtsel lösen und versteckte Kammern aufdecken, um Zugang zu diesen vergessenen Orten zu erhalten.

In den Ruinen finden Spieler Artefakte und Relikte, die Hinweise auf das Verschwinden von Bahamut und Falak sowie auf die wahre Geschichte der Zivilisation enthalten, die einst in Ma'een blühte. Diese Ruinen enthalten auch Mechanismen, für deren Aktivierung der Spieler sowohl Licht als auch Dunkelheit nutzen muss. Beispielsweise kann Licht verwendet werden, um verborgene

Inschriften zu enthüllen, während Schatten alte Fallen oder Mechanismen aktivieren könnten, die Geheimtüren öffnen.

Die Ruinen bieten nicht nur wichtige Hintergrundinformationen, sondern fordern auch die Fähigkeiten des Protagonisten heraus, Umwelträtsel zu lösen, Feinde zu besiegen und versteckte Pfade zu entdecken, die zu neuen Gebieten führen. Während der Protagonist weitere Ruinen entdeckt, beginnt er, das Geheimnis der Welt und die Kräfte, die sie ins Chaos gestürzt haben, zu lüften.

3.3 Verborgene Wege

Ma'een ist eine Welt voller Geheimnisse und versteckte Pfade gehören zu den lohnendsten Aspekten der Erkundung. Diese geheimen Routen sind oft unter dem Meer verborgen, in dichten Korallenriffen vergraben oder in den Tiefen antiker Ruinen verborgen. Der Protagonist muss aufmerksam nach subtilen Zeichen Ausschau halten, die zu diesen Wegen führen – schwache Lichtschimmer, ungewöhnliche Markierungen an den Wänden oder plötzliche Veränderungen in der Umgebung.

Versteckte Wege führen oft zu neuen Gebieten, die wertvolle Belohnungen wie seltene Ressourcen, überlieferungsbasierte Artefakte und Upgrades für die Fähigkeiten des Protagonisten bereithalten. Diese Wege sind nicht immer leicht zu finden, da der Spieler die Umgebung sorgfältig beobachten und manchmal sowohl Licht als auch Dunkelheit nutzen muss, um versteckte Eingänge freizulegen. Beispielsweise können einige Wege durch dichte Unterwasservegetation verdeckt sein, die nur mit Licht beseitigt werden kann, während andere möglicherweise in Schatten gehüllt sind und nur dann zugänglich sind, wenn die Dunkelheit angenommen wird.

Neben der Belohnung des Spielers mit nützlichen Gegenständen sind versteckte Pfade auch wichtig, um durch die anspruchsvolleren Bereiche des Spiels voranzukommen. Einige geheime Routen bieten möglicherweise Abkürzungen durch verdorbene Regionen und umgehen gefährliche Feinde oder Gebiete, die von dunklen Mächten betroffen sind. Diese Pfade bieten alternative Routen, die es den Spielern ermöglichen, Herausforderungen auf neue und kreative Weise anzugehen.

Die Entdeckung verborgener Pfade ist sowohl für die Erzählung als auch für das Gameplay von wesentlicher Bedeutung, da sie oft tiefere Schichten von Ma'eens Geschichte und die Reise des Charakters zur Wiederherstellung des Gleichgewichts in der Welt offenbaren.

3.4 Beschädigte Bereiche

Verdorbene Gebiete sind Ausdruck des Ungleichgewichts, das durch das Verschwinden von Bahamut und Falak verursacht wurde. Diese Regionen, einst lebendig und voller Leben, sind nun dem Verfall und der Dunkelheit verfallen, ihre natürliche Schönheit wurde von böswilligen Mächten verdreht und verzerrt. Die Umgebung in diesen Gebieten ist von einer unheimlichen Atmosphäre geprägt – gedämpfte Farben, verzerrte Landschaften und feindliche Wesen, die durch Korruption verzerrt wurden.

Die verdorbenen Gebiete gehören zu den anspruchsvollsten Zonen im Spiel und sind voller Umweltgefahren und aggressiver Feinde. Die Korruption betrifft alles, von der Pflanzenwelt bis hin zu den Lebewesen, die einst friedlich in diesen Regionen lebten. Diese Gebiete werden oft von dunklen Wesen überrannt, die der Protagonist besiegen oder denen er ausweichen muss, und die

Umgebung selbst kann zusätzliche Gefahren mit sich bringen, wie zum Beispiel einstürzende Ruinen oder giftige Gewässer.

Um die beschädigten Bereiche zu reinigen, muss der Protagonist das Gleichgewicht zwischen Licht und Dunkelheit wiederherstellen. Dazu kann es gehören, komplexe Rätsel zu lösen, mächtige Bosse zu besiegen oder sowohl Licht als auch Dunkelheit zu nutzen, um das Land zu reinigen. Beispielsweise müssen Spieler möglicherweise Licht in das Herz einer verdorbenen Zone strahlen lassen, um die Dunkelheit zu vertreiben, oder schattenbasierte Kräfte nutzen, um die Verderbnis zu schwächen und verborgene Wege in die Sicherheit aufzudecken.

Während der Protagonist diese Bereiche durchläuft, wird er wichtige Puzzleteile aufdecken, die die Ursache der Korruption und ihren Zusammenhang mit dem Verschwinden von Bahamut und Falak erklären. Die Wiederherstellung des Gleichgewichts in diesen Bereichen ist nicht nur für das Überleben von Ma'een von entscheidender Bedeutung, sondern verschafft dem Protagonisten auch neue Fähigkeiten, Wissen und Einblicke in die wahre Natur der Welt.

KAPITEL 4: ÜBERLEGENHEIT UND MYTHOLOGIE

4.1 Arabische Folklore

Bahamut und der Waqwaq-Baum lässt sich tief von der arabischen Folklore inspirieren und verwebt alte Mythen und Legenden in das Gefüge seiner Welt. Das Spiel integriert verschiedene Aspekte der arabischen Kultur, Mystik und Mythologie, um eine reichhaltige, immersive Umgebung zu schaffen, die die tieferen Schichten von Ma'eens Überlieferungen widerspiegelt. Von mystischen Kreaturen bis hin zu himmlischen Wesenheiten ist die Welt voller Symbolik, die in traditionellen arabischen Sagen verwurzelt ist.

Ein Schlüsselelement aus der Folklore ist das Konzept von *die himmlischen Wesen*, wie Bahamut und Falak, die Darstellungen der Grundkräfte von Licht und Dunkelheit sind. In der arabischen Mythologie wird Bahamut oft als riesiger kosmischer Fisch dargestellt, der die Welt an Ort und Stelle hält – ein Geschöpf von unvorstellbarer Größe und Macht, das als Grundlage der Existenz dient. Ebenso wird Falak, dessen Name sich von der Bezeichnung für die Himmelssphäre ableitet, oft mit dem Nachthimmel und seinen riesigen, geheimnisvollen Tiefen in Verbindung gebracht.

Im Laufe des Spiels werden die Spieler auf Hinweise auf bekannte Folklorefiguren, Kreaturen und Artefakte stoßen. Dazu gehören mythische Wesen wie die *Dschinn*, formverändernde Wesen, die sowohl zu Wohlwollen als auch zu Bosheit fähig sind, und *Ifrits*, wilde Feuergeister, die oft mit den zerstörerischen Kräften der Natur verbunden sind. Die Spieler werden auch alte Texte entdecken, die sich auf diese Kreaturen beziehen und einen Kontext dafür liefern, wie diese Legenden mit dem Gleichgewicht von Licht und Dunkelheit in Ma'een verbunden sind.

Die Verwendung arabischer Folklore ist nicht nur ästhetischer Natur – sie spielt eine wichtige Rolle für das Verständnis der Welt von Ma'een. Die Mythen liefern Hinweise auf die Reise des Protagonisten und helfen, die zugrunde liegenden Themen Dualität und Gleichgewicht zu entschlüsseln. Während der Protagonist tiefer in Ma'eens Geheimnisse eintaucht, wird der Zusammenhang zwischen Folklore und dem Verschwinden von Bahamut und Falak immer deutlicher und bietet wichtige Einblicke in die größere Erzählung.

4.2 Die Geschichte von Bahamut und Falak

Die Geschichte von Bahamut und Falak steht im Mittelpunkt der Handlung des Spiels und bildet sowohl die Grundlage für die Erzählung als auch das zentrale Mysterium, das die Reise des Protagonisten antreibt. Diese beiden himmlischen Wesen sind die Verkörperungen von Licht bzw. Dunkelheit, und ihre Beziehung ist wesentlich für das Gleichgewicht, das Ma'een aufrechterhält.

Einer alten Überlieferung zufolge wurden Bahamut und Falak als zwei Hälften einer göttlichen Macht erschaffen, die über ihre jeweiligen Herrschaftsbereiche – Licht und Dunkelheit – herrschten. Bahamut, das strahlende und gütige Wesen, hatte die Aufgabe, das Licht zu überwachen, das alles Leben in Ma'en nährte. Sein Licht erweckte den Waqwaq-Baum zum Leben, leitete das Wachstum der Unterwasserökosysteme und sorgte für Harmonie im gesamten Reich. Andererseits diente Falak, die rätselhafte und mysteriöse Macht der Dunkelheit, dazu, Bahamuts Brillanz auszugleichen. Seine Dunkelheit war keine Macht des Bösen, sondern eine Kraft der Ruhe, des Schattens und der Ruhe, die dafür sorgte, dass das Licht die Welt nicht überwältigte und der natürliche Zyklus von Tag und Nacht intakt blieb.

Gemeinsam herrschten Bahamut und Falak über Ma'een und sorgten dafür, dass seine Ökosysteme gedeihen und seine Bewohner sicher sind. Der Waqwaq-Baum, das heiligste Wesen in Ma'een, gedieh unter ihrer Aufsicht, seine Wurzeln wurzelten im Herzen des Reiches und schufen eine Quelle des Lebens und der Stabilität. Die Kräfte von Licht und Dunkelheit waren perfekt ausbalanciert und die Welt funktionierte in Harmonie.

Im Laufe der Jahrhunderte kam es jedoch zu Spannungen zwischen Bahamut und Falak. Während sich ihre Kräfte ergänzten, begannen die Kräfte des Lichts und der Dunkelheit in entgegengesetzte Richtungen zu ziehen. Bahamuts Licht wurde heller und intensiver, während Falaks Dunkelheit tiefer und allgegenwärtiger wurde. Ihre gegensätzlichen Naturen führten zu einem existenziellen Kampf, der nicht nur ihre Bindung, sondern auch das Gleichgewicht von Ma'een bedrohte.

Auf dem Höhepunkt dieses kosmischen Kampfes verschwanden Bahamut und Falak auf mysteriöse Weise von der Welt. Einige glauben, dass sie freiwillig gegangen sind, um einen katastrophalen Zusammenstoß zu verhindern, der Ma'een auseinandergerissen hätte, während andere glauben, dass sie durch einen uralten Fluch oder eine äußere Kraft getrennt wurden. Ganz gleich aus welchem Grund verursachte ihr Verschwinden ein Ungleichgewicht, löste Korruption in ganz Ma'een aus und stürzte das Reich ins Chaos.

Die Reise des Protagonisten dreht sich darum, die Wahrheit hinter dem Verschwinden von Bahamut und Falak aufzudecken und das Gleichgewicht in Ma'een wiederherzustellen. Während sie die Welt erkunden, wird der Spieler auf Überreste von Bahamuts Licht und Falaks Schatten stoßen und dabei etwas über ihre Vergangenheit und die tiefe Verbindung zwischen diesen beiden himmlischen Kräften erfahren. Die Geschichte von Bahamut und Falak ist nicht nur eine Geschichte des kosmischen Gleichgewichts, sondern auch eine

Geschichte von Opfern, Verlusten und dem ewigen Kampf zwischen gegensätzlichen Kräften.

4.3 Die Bedeutung des Waqwaq-Baums

Der Waqwaq-Baum ist das zentrale Symbol für Leben und Gleichgewicht in Ma'een. Es ist nicht nur ein Baum, sondern ein lebendiges Zeugnis der Harmonie, die einst zwischen den Kräften des Lichts und der Dunkelheit herrschte. Seine Bedeutung geht über seine Rolle als biologische Einheit hinaus; Es ist ein kosmischer Anker, der die Essenz von Ma'een zusammenhält.

In alten Überlieferungen heißt es, der Waqwaq-Baum sei die Frucht der Vereinigung von Bahamut und Falak, eine physische Manifestation ihres kosmischen Gleichgewichts. Die Wurzeln des Baumes reichen tief in das Gefüge von Ma'een hinein und verflechten sich mit dem Land und dem Meer, während seine Äste sich zum Himmel erstrecken und sowohl Licht als auch Schatten einfangen. Seine leuchtenden Früchte symbolisieren die zyklische Natur des Lebens, nähren Ma'eens Geschöpfe und fördern das Wachstum, so wie Bahamuts Licht nährt und Falaks Dunkelheit für Ruhe sorgt.

Die Rolle des Waqwaq-Baums geht über die eines bloßen Lebensspenders hinaus. Es ist untrennbar mit der Stabilität der Ökosysteme Ma'eens verbunden. Die Kreaturen, Pflanzen und Lebewesen, die Ma'een bevölkern, sollen alle aus den Samen des Waqwaq-Baums entstanden sein. Es wird angenommen, dass seine Frucht die Essenz der Schöpfung enthält und den Baum sowohl mit dem göttlichen als auch dem natürlichen Bereich verbindet. Ohne sie würde Ma'een nicht mehr so funktionieren wie bisher und die Lebenskräfte in der Welt würden verkümmern.

Als jedoch die Kräfte des Lichts und der Dunkelheit aufeinanderprallten und Bahamut und Falak verschwanden, zeigte der Waqwaq-Baum Anzeichen des Verfalls. Seine Früchte sind verblasst und seine einstmals starken Wurzeln beginnen zu faulen, was zu einer Störung des fragilen Gleichgewichts führt, das Ma'een trägt. Die sich auf der ganzen Welt ausbreitende Korruption steht in direktem Zusammenhang mit der schwächelnden Gesundheit des Baumes. Während der Protagonist durch Ma'een reist, muss er den Waqwaq-Baum wiederherstellen und dabei sowohl Licht als auch Dunkelheit nutzen, um seine Verderbnis zu beseitigen und ihn wieder zum Leben zu erwecken.

Letztendlich ist das Schicksal des Waqwaq-Baums untrennbar mit der Suche des Protagonisten verbunden: Indem er den Baum versteht und heilt, wird er die Macht haben, das Gleichgewicht in der Welt selbst wiederherzustellen. Der Baum ist ein Symbol der Hoffnung, der Wiedergeburt und der zarten Harmonie, die zwischen allen Kräften in Ma'een aufrechterhalten werden muss.

4.4 Kulturelle Bezüge

Die Welt von *Bahamut und der Waqwaq-Baum* stützt sich stark auf kulturelle Bezüge, insbesondere solche, die in der arabischen Mythologie und Philosophie verwurzelt sind, was der Erzählung und dem Aufbau der Welt Tiefe verleiht. Diese Referenzen verbessern nicht nur das Verständnis des Spielers für Ma'een, sondern erzeugen auch ein Gefühl des Eintauchens und verankern das Spiel in einem reichen kulturellen Erbe.

Der Name „Waqwaq" beispielsweise leitet sich von einem alten Begriff in der arabischen Überlieferung ab. Das Konzept von „Waqwaq" ist mit der Vorstellung eines fernen, unerreichbaren

Paradieses oder eines Landes am Rande der bekannten Welt verbunden – einem idealisierten Ort ungenutzten Potenzials, Wachstums und Wandels. Dies spiegelt sich in der Rolle des Waqwaq-Baums in Ma'een wider, da es sich um einen mystischen, fast heiligen Gegenstand handelt, der mit dem Schicksal der gesamten Welt verbunden ist.

Darüber hinaus ist das Spiel vom arabischen Konzept inspiriert „Barzach" ein Begriff, der oft verwendet wird, um einen Zwischen- oder Übergangsbereich zwischen Leben und Tod zu beschreiben. Dieses Konzept lässt sich in Ma'eens physischer und metaphysischer Landschaft erkennen, in der der Protagonist auf Zonen trifft, die zwischen Licht und Schatten, Leben und Verfall liegen. Das Spiel spiegelt diesen spirituellen Übergang wider, wobei sich der Protagonist zwischen verschiedenen Bereichen – sowohl physischen als auch metaphysischen – bewegt, während er daran arbeitet, das Gleichgewicht von Ma'een wiederherzustellen.

Die Reise des Protagonisten spiegelt auch die Themen der wider *"genug"* Pfad, eine mystische Tradition innerhalb des Islam, bei der der Suchende durch Stufen spiritueller Erleuchtung geht und sich der inneren und äußeren Dunkelheit stellt. Diese Phasen der Erleuchtung spiegeln sich im Bedürfnis des Protagonisten wider, sich sowohl den physischen Manifestationen der Korruption in der Welt als auch den emotionalen und spirituellen Kämpfen zu stellen, denen er gegenübersteht.

Das Spiel beinhaltet auch das Konzept des Kosmischen *Gleichgewicht*, ein zentrales Thema in vielen Philosophien des Nahen Ostens. Die Idee, dass alle Dinge miteinander verbunden sind und im Gleichgewicht bleiben müssen, spiegelt sich in der Interaktion zwischen Licht und Dunkelheit, Leben und Tod, Schöpfung und Zerstörung in der Welt von Ma'een wider. Die Mission des Protagonisten besteht darin, dieses Gleichgewicht wiederherzustellen, indem er die Dualität, die die Welt prägt, versteht und annimmt.

Indem wir diese kulturellen und philosophischen Elemente in die Erzählung und das Gameplay einbinden, *Bahamut und der Waqwaq-Baum* bietet ein einzigartiges und kulturell reichhaltiges Erlebnis, das der tieferen Weisheit der arabischen Mythologie huldigt und gleichzeitig eine universell relevante Geschichte über Gleichgewicht, Dualität und die Vernetzung allen Lebens bietet.

KAPITEL 5: CHARAKTERE UND KREATUREN

5.1 Spielbarer Charakter

Der Protagonist in *Bahamut und der Waqwaq-Baum* ist eine vom Schicksal geschaffene Figur, die eng mit dem kosmischen Gleichgewicht von Ma'een verbunden ist. Sie sind nur unter ihrem Titel „Die Sucher" bekannt und stammen aus einer alten Linie, die einst Bahamut und Falak, den Hütern des Lichts und der Dunkelheit, diente. Obwohl sich der Protagonist zunächst seiner Herkunft nicht bewusst ist, wird er auf seiner Reise seinen wahren Zweck und seine Verbindung zu beiden himmlischen Kräften ans Licht bringen.

Die Hauptstärke des Suchers liegt in seiner Fähigkeit, sowohl Licht als auch Dunkelheit zu kanalisieren. Diese Kräfte werden ihnen von Bahamut und Falak selbst verliehen und verleihen ihnen die einzigartige Fähigkeit zu heilen, zu schützen und zu kämpfen sowie die Macht, das Gleichgewicht in verdorbenen Gebieten wiederherzustellen. Im Laufe des Spiels wird der Protagonist nach und nach neue Fähigkeiten und Upgrades freischalten, die mit seiner Verbindung zu Licht und Dunkelheit verknüpft sind. Diese Fähigkeiten sind entscheidend für die Navigation in Ma'een, das Lösen von Umwelträtseln und den Kampf gegen Feinde.

Was die Persönlichkeit betrifft, ist der Sucher sowohl zielstrebig als auch introspektiv. Sie werden von einem Pflichtgefühl getrieben, das Gleichgewicht wiederherzustellen, aber sie kämpfen mit dem inneren Konflikt, solch mächtige Kräfte einzusetzen. Im Verlauf der Geschichte erforscht der Charakter des Protagonisten Themen wie Selbstfindung, Verantwortung und Opferbereitschaft. Der Sucher muss sich mit den Kräften auseinandersetzen, die er kontrolliert, und lernen, sein eigenes inneres Licht und seine Dunkelheit in Einklang zu bringen, um Ma'een zu beschützen.

Die Spieler haben einen gewissen Einfluss auf die Entscheidungen des Suchers, was eine gewisse Anpassung ihres Verhaltens und ihrer Reaktionen auf Ereignisse ermöglicht. Diese Anpassung verleiht der Erzählung Tiefe, da die Spieler wählen können, wie sie mit der Welt interagieren und so den Weg des Protagonisten zur Erlösung oder zur Verzweiflung gestalten können.

5.2 Nebencharaktere

Auf seiner Reise trifft der Sucher auf eine Reihe von Nebencharakteren, von denen jeder eine Schlüsselrolle bei der Aufklärung der Geheimnisse von Ma'een spielt und bei der Suche nach der Wiederherstellung des Gleichgewichts behilflich ist.

1. Nahla – Eine Gelehrte und Historikerin, die ihr Leben dem Studium der alten Überlieferungen von Ma'een und dem Waqwaq-Baum gewidmet hat. Sie vermittelt dem Sucher wertvolles Wissen über die himmlischen Wesen Bahamut und Falak und hilft ihnen, ihre Rolle im größeren kosmischen Gleichgewicht zu verstehen. Nahla ist eine Intellektuelle, die der Protagonistin Anleitung und Ratschläge gibt, während sie tiefer in die Geheimnisse der Welt eintaucht. Während sie sich zunächst auf die Aufdeckung der Vergangenheit konzentrierte, wird sie zunehmend in den gegenwärtigen Kampf verwickelt und führt den Sucher auf seinem Weg zur Wiederherstellung.
2. Zayn – Ein Krieger aus einem längst verschollenen Wächterorden, der einst Ma'eens heilige Stätten beschützte. Zayn ist äußerst loyal und beschützerisch, und seine

kriegerischen Fähigkeiten sind im Kampf des Protagonisten gegen die dunklen Mächte, die die Welt verderben, von unschätzbarem Wert. Sein Wissen über den Kampf und das Überleben in feindlichen Umgebungen macht ihn zu einem zuverlässigen Verbündeten, obwohl sich hinter seinem schroffen Äußeren ein tiefer innerer Konflikt um das Gleichgewicht zwischen Licht und Dunkelheit verbirgt.

3. Laila – Ein mysteriöses Wesen mit der Fähigkeit, sowohl Licht als auch Schatten zu manipulieren. Lailas wahre Natur ist unbekannt und ihre Anwesenheit ist rätselhaft. Sie mag den Schlüssel zum Schicksal des Suchers innehaben, aber ihre Absichten sind nicht immer klar. Laila erscheint in kritischen Momenten und gibt kryptische Ratschläge oder Hilfe, und ihre Handlungen scheinen das Gleichgewicht von Ma'een auf subtile Weise zu beeinflussen. Ihre Motive sind unklar und die Spieler müssen entscheiden, ob sie eine Verbündete oder eine rätselhafte Kraft mit eigenen Plänen ist.

4. Ibrahim – Eine junge, abenteuerlustige Seele, die von den Kräften des Lichts und der Dunkelheit berührt wurde. Ibrahim dient dem Suchenden als moralischer Kompass und bietet eine Perspektive auf die Natur von Gut und Böse. Sein Optimismus und seine Hoffnung angesichts der überwältigenden Dunkelheit bilden ein Gegengewicht zu den inneren Kämpfen des Suchers. Ibrahim ist nicht nur eine Nebenfigur, sondern ein Symbol für das Potenzial für Harmonie zwischen gegensätzlichen Kräften.

5.3 Antagonistische Kräfte

Die primäre antagonistische Kraft in *Bahamut und der Waqwaq-Baum* ist die Ausbreitung der Korruption in ganz Ma'een, die eng mit dem Verschwinden von Bahamut und Falak verbunden ist. Diese

Korruption manifestiert sich sowohl in physischer als auch in spiritueller Form, bedroht die ganze Welt und verzerrt die Kräfte des Lichts und der Dunkelheit.

1. Die Verdunkelten – Dies sind die verdorbenen Wesen, die einst friedliche Bewohner von Ma'een waren und durch die sich ausbreitende Dunkelheit in verdorbene, bösartige Kreaturen verwandelt wurden. Sie sind die direkte Folge des Ungleichgewichts zwischen Licht und Schatten und verkörpern die Folgen der Störung der Harmonie. Diese Kreaturen reichen von schattenhaften Gestalten, die den Protagonisten in den Tiefen der Welt verfolgen, bis hin zu riesigen, furchterregenden Bestien, die die Überlebensfähigkeit des Suchers herausfordern.
2. Die Geister von Falak – Ätherische Wesen, die aus den gebrochenen Überresten von Falaks Essenz geboren wurden. Diese Geister sind rätselhaft und gefährlich und in der Lage, Schatten und Dunkelheit zu manipulieren, um Illusionen zu erzeugen oder das Licht um sie herum zu verzehren. Sie sind die Manifestation der korrupten Kräfte und ihr Hauptziel besteht darin, jeden Versuch, das Gleichgewicht wiederherzustellen, zu verhindern. Die Geister dienen sowohl als Hindernis als auch als eindringliche Erinnerung an Falaks Verschwinden.
3. Die Vorboten der Korruption – Mächtige Wesenheiten, die als Wächter der am stärksten korrupten Gebiete von Ma'een dienen. Diese Wesen waren einst Götter oder Beschützer des Reiches, aber jetzt wurden sie von der bösartigen Macht überwältigt, die die Welt bedroht. Jeder Vorbote repräsentiert einen Aspekt der verdorbenen Natur von Ma'een – einige verkörpern Zerstörung, während andere Verfall und Chaos widerspiegeln. Sie zu besiegen ist für die Wiederherstellung des Gleichgewichts von entscheidender

Bedeutung, da in ihnen der Schlüssel zur Säuberung der am stärksten betroffenen Regionen liegt.

4. Der Weber – Ein rätselhaftes Wesen, das die Korruption aus den Schatten heraus zu manipulieren scheint. Es ist unklar, ob der Weber ein uraltes Wesen, eine verfluchte Kreatur oder etwas weitaus Bösartigeres ist. Die Motive des Webers sind geheimnisvoll, aber es wird angenommen, dass sie eine direkte Rolle beim Verschwinden von Bahamut und Falak spielen und versuchen, die Kräfte des Lichts und der Dunkelheit zu kontrollieren, um ihre eigene verdrehte Version von Ma'een zu erschaffen. Der Weber wird vor nichts zurückschrecken, um den Sucher daran zu hindern, das Gleichgewicht wiederherzustellen.

5.4 Kreaturen von Ma'een

Ma'een ist die Heimat einer Vielzahl von Kreaturen, von denen einige harmlos und andere gefährlich sind. Die Tierwelt auf der Welt spielt eine wichtige Rolle im Ökosystem und trägt dazu bei, das Gleichgewicht zwischen Licht und Dunkelheit aufrechtzuerhalten.

1. Ihtyar – Anmutige, leuchtende quallenähnliche Kreaturen, die durch das Wasser treiben und die dunkelsten Tiefen erhellen. Die Ihtyar sind ein Symbol für das Licht, das Bahamut nach Ma'een brachte, und ihre Anwesenheit signalisiert oft Bereiche relativer Sicherheit. Mit diesen Kreaturen kann auch interagiert werden, um versteckte Pfade freizuschalten oder den Protagonisten zu heilen, wenn er Hilfe braucht.

2. Lumaquatics – Mystische Wasserlebewesen, die sich so entwickelt haben, dass sie im Gleichgewicht zwischen Licht und Dunkelheit gedeihen. Lumaquatics besitzen biolumineszierende Körper, die je nach Umgebung zwischen

hellen und dunklen Farbtönen wechseln. Sie sind friedliche Wesen, können aber in die Aggression getrieben werden, wenn ihr Lebensraum beschädigt wird. Lumaquatics können vom Protagonisten verwendet werden, um mit der Umgebung zu interagieren oder versteckte Gegenstände aufzudecken.

3. Die drakonischen Wächter – Große, geflügelte Schlangenwesen, die seit langem als Wächter der heiligen Tempel von Ma'een gelten. Diese alten Wesen haben eine beschützende Wirkung, werden aber oft missverstanden. Während sie heftig sind, wenn sie provoziert werden, sind sie auch in der Lage, den Sucher in versteckte Gebiete zu führen, wenn sie sich als würdig erweisen.

4. Schattenwandler – Schattenwandler, die aus den Tiefen der Dunkelheit geboren wurden, sind schattenhafte Wesen, die den Protagonisten verfolgen und in den dunkelsten Ecken von Ma'een jagen. Ihre durchscheinenden, sich ständig verändernden Formen machen es schwierig, sie aufzuspüren, und ihre Fähigkeit, in den Schatten hinein- und wieder herauszukommen, macht sie zu furchterregenden Feinden. Sie erinnern an die gefährlichen Kräfte von Falak, die jetzt die Welt bedrohen.

KAPITEL 6: KUNST UND DESIGN

6.1 Visueller Stil

Der visuelle Stil von *Bahamut und der Waqwaq-Baum* ist stark von der Mischung aus arabischer Mystik, alten Zivilisationen und der Dualität von Licht und Dunkelheit beeinflusst, die die Spielwelt prägt. Die künstlerische Leitung vermittelt ein Gefühl von Zeitlosigkeit und Erhabenheit und nutzt sowohl realistische als auch fantastische Elemente, um Ma'een zum Leben zu erwecken.

Die Welt des Spiels ist in kräftigen, lebendigen Farben gehalten — üppige, strahlende Blau- und Grüntöne erhellen die Meeresgebiete und kontrastieren mit den dunkleren, düstereren Tönen, die in den verdorbenen Regionen zu finden sind. Das Licht selbst spielt oft eine Schlüsselrolle in der Ästhetik des Spiels: Sonnenstrahlen dringen durch dunkles Wasser oder strahlen aus dem Herzen des Waqwaq-Baums. Das Zusammenspiel von Licht und Schatten dient nicht nur der Orientierung der Spieler, sondern auch, um eine geheimnisvolle und wundersame Stimmung zu erzeugen.

Die Umgebungen reichen von ruhigen, ruhigen Orten, an denen das Leben blüht, bis hin zu bedrohlichen, verdorbenen Gegenden, in denen die Mächte der Dunkelheit Einzug gehalten haben. Diese dramatischen Tonverschiebungen spiegeln sich im visuellen Stil durch Beleuchtungstechniken, detaillierte Texturen und atmosphärische Effekte wider, wobei jede Region einzigartig wirkt und dennoch zum übergeordneten Thema der Ausgewogenheit beiträgt.

Darüber hinaus ist der visuelle Stil des Spiels von der Mythologie der arabischen Kultur inspiriert. Ikonische Architekturstile wie komplizierte Bögen, Kuppelbauten und weitläufige Ruinen bevölkern die Landschaft ebenso wie fantastische Kreaturen und biolumineszierende Pflanzen. Jedes visuelle Element soll ein Gefühl der Ehrfurcht und Entdeckung hervorrufen und die Spieler dazu einladen, die weiten und abwechslungsreichen Landschaften von Ma'een zu erkunden und dabei langsam die darin verborgenen Überlieferungen zu entdecken.

6.2 Umweltdesign

Das Umweltdesign in *Bahamut und der Waqwaq-Baum* spielt eine zentrale Rolle in der Erkundungs- und Rätsellösungsmechanik des Spiels. Jeder Bereich ist so gestaltet, dass er seine eigene Geschichte erzählt und sowohl die natürliche Schönheit als auch die dunklere, verdorbene Seite von Ma'een widerspiegelt.

Das Spiel bietet ausgedehnte Unterwasserökosysteme voller farbenfroher Korallenriffe, versunkener Städte und alter, vergessener Ruinen. Diese Bereiche sind so gestaltet, dass sie sich riesig anfühlen, mit weiten, offenen Räumen und komplizierten, versteckten Korridoren, die zum Erkunden einladen. Die Unterwasserwelt ist nicht nur eine Kulisse, sondern eine dynamische Umgebung, die das Gameplay beeinflusst. Wasserströmungen können den Protagonisten in verschiedene Richtungen treiben und die Navigation durch versunkene Tempel und Ruinen erfordert oft den Einsatz von Licht und Schatten, um neue Wege zu erschließen.

Über Wasser können Spieler dichte Wälder, hoch aufragende Berge und unheimliche, neblige Täler erkunden. Die Umgebung verändert sich, während der Protagonist tiefer in verdorbene Gebiete vordringt, in denen die einst lebendigen Ökosysteme nun von dunklen Mächten heimgesucht werden. Die visuelle Gestaltung dieser Bereiche ist geprägt von verfallenden Strukturen, verdorbener Flora und einem überwältigenden Gefühl der Isolation.

Das Umgebungsdesign beinhaltet auch Elemente des Rätsellösens. Beispielsweise könnten sich die Wurzeln des Waqwaq-Baums durch den Boden winden, und die Spieler müssen sowohl Licht als auch Schatten manipulieren, um verborgene Kammern freizulegen. Andere Bereiche sind auf dynamische Wetter- und Lichtveränderungen ausgelegt, beispielsweise ein versunkener Tempel, der nur dann betreten werden kann, wenn das Licht in einem bestimmten Winkel auftrifft und so einen verborgenen Eingang freigibt. Jede Region fühlt sich lebendig an, mit einer sich ständig verändernden Umgebung, die auf die Aktionen und Entscheidungen des Spielers reagiert.

6.3 Charakterdesign

Charakterdesign in *Bahamut und der Waqwaq-Baum* ist eng mit den Themen Dualität und Gleichgewicht verbunden. Der Protagonist „The Seeker" ist visuell so gestaltet, dass er seine Verbindung zu Licht und Dunkelheit widerspiegelt. Ihre Kleidung, die sich im Laufe des Spiels weiterentwickelt, besteht aus fließenden Gewändern, die mit leuchtenden Mustern verwoben sind und das Licht symbolisieren, das sie kanalisieren, während dunkle, schattige Akzente erscheinen, wenn sie die Dunkelheit in ihrem Inneren erschließen. Während der Protagonist Fortschritte macht, verändert sich sein Aussehen und spiegelt sein Wachstum und die Entdeckung seiner wahren Rolle bei der Wiederherstellung des Gleichgewichts wider.

Die Nebencharaktere sind so gestaltet, dass sie unterschiedlich sind und jeweils über einzigartige visuelle Elemente verfügen, die sie mit ihrer Persönlichkeit und Rolle in der Geschichte verbinden. Nahla, die

Gelehrte, ist in fließende, traditionelle Gewänder mit komplizierten Mustern geschmückt, die ihre tiefe Verbindung zum Wissen und zur alten Geschichte widerspiegeln. Zayn, der Krieger, ist in eine schwere Rüstung mit abgenutzten Kanten gekleidet, die auf seine Rolle als Beschützer und die Narben vergangener Schlachten hinweist. Laila, die mysteriöse Figur, trägt einen Umhang aus sich verändernden Schatten, deren Form teilweise verdeckt ist und ihre rätselhafte Natur und Verbindung zu Licht und Dunkelheit symbolisiert.

Die antagonistischen Kräfte, von den Geistern von Falak bis zu den Verdunkelten, sollen die Verderbnis von Ma'een visuell darstellen. Die Wraiths erscheinen als ätherische, zarte Gestalten, deren Körper zwischen Schatten und Licht schwanken und eine beunruhigende, jenseitige Präsenz erzeugen. Die Verdunkelten sind groteske, verdrehte Versionen von Kreaturen, die einst in Ma'een gediehen und deren Formen durch die Mächte der Verderbnis verzerrt und verfallen sind.

Die Kreaturendesigns sind ähnlich einfallsreich und reichen von leuchtenden Meeresbewohnern, die ein Gefühl von Schönheit und Gelassenheit hervorrufen, bis hin zu alptraumhaften Monstern, die aus den dunkelsten Ecken von Ma'een geboren wurden. Jede Kreatur ist sorgfältig gestaltet, um das Ökosystem, in dem sie lebt, widerzuspiegeln, und vereint sowohl natürliche als auch fantastische Elemente, die Ma'eens Welt zum Leben erwecken.

6.4 Preisgekrönte Grafiken

Bahamut und der Waqwaq-Baum verfügt über hochmoderne, preisgekrönte Grafiken, die die Grenzen des Möglichen im Videospieldesign erweitern. Die Grafik des Spiels basiert auf fortschrittlichen Rendering-Techniken, die dafür sorgen, dass sich jede Umgebung reichhaltig, dynamisch und lebendig anfühlt. Von realistischer Wasserphysik bis hin zu atemberaubenden Lichteffekten ist das grafische Design des Spiels branchenführend und bietet den Spielern ein unvergessliches visuelles Erlebnis.

Eines der herausragenden Merkmale der Grafik des Spiels ist die aufwendige Detaillierung sowohl organischer als auch künstlicher Strukturen. Die Unterwasserökosysteme werden mit einer fast fotografischen Detailgenauigkeit wiedergegeben, wobei jede Koralle, jede Meerespflanze und jedes Lebewesen sorgfältig gestaltet ist, um eine immersive Umgebung zu schaffen. Ebenso beeindruckend sind die Ruinen antiker Zivilisationen: Steinmetzarbeiten, überwucherte Vegetation und verwitterte Strukturen erzählen die Geschichte einer längst verlorenen Welt.

Das Beleuchtungssystem in *Bahamut und der Waqwaq-Baum* ist ein weiteres wichtiges Merkmal, das die grafische Wiedergabetreue verbessert. Licht spielt sowohl im Gameplay als auch in der Atmosphäre eine wesentliche Rolle, und das Spiel nutzt dynamische Echtzeitbeleuchtung, um eine sich ständig verändernde Welt zu schaffen. Ob es das sanfte Leuchten der Früchte des Waqwaq-Baums, die unheimliche Dunkelheit eines verfallenen Tempels oder die schimmernde Sonne über der Meeresoberfläche ist – die Beleuchtung des Spiels verstärkt die emotionale Wirkung jeder Szene.

Ein weiteres Highlight sind die flüssigen Animationen der Charaktere und Kreaturen. Von der anmutigen Bewegung des Protagonisten, während er durch Ma'een navigiert, bis hin zu den fließenden, organischen Bewegungen der Kreaturen, die die Welt bewohnen, erweckt das Animationsdesign die Welt zum Leben. Jede Interaktion, ob Kampf, Erkundung oder Umgebungsrätsel, fühlt sich reibungslos und natürlich an.

Abschließend wird der visuelle Stil durch atemberaubende Filmsequenzen ergänzt, die modernste Motion-Capture-Technologie nutzen, um emotionale Momente der Charaktere zu liefern. Diese Filmsequenzen, kombiniert mit den außergewöhnlichen grafischen Fähigkeiten des Spiels, tragen dazu bei, die Geschichte auf eine Weise zu erzählen, die den Spieler nicht nur in das Gameplay, sondern auch in die Welt von Ma'een selbst eintauchen lässt.

KAPITEL 7: TON UND MUSIK

7.1 Sounddesign

Sounddesign in *Bahamut und der Waqwaq-Baum* spielt eine entscheidende Rolle bei der Verbesserung der Atmosphäre und der emotionalen Tiefe des Spiels. Die Klanglandschaft ist sorgfältig auf die unterschiedlichen Umgebungen abgestimmt und fügt eine Ebene der Immersion hinzu, die die visuellen Elemente der Welt ergänzt.

Das Umgebungsgeräuschdesign verwendet eine Mischung aus natürlichen Geräuschen – wie dem sanften Plätschern von Wellen an Klippen, dem Rascheln von Blättern im Wind und den fernen Rufen von Kreaturen –, um ein Gefühl für den Ort zu erzeugen. Im Gegensatz dazu werden die dunkleren, verdorbenen Bereiche von unheimlichem Flüstern, bedrohlichen Winden und subtilen, beunruhigenden Geräuschen begleitet, die die Spannung erhöhen. Das Geräusch von Schritten verändert sich je nach Umgebung, sei es das sanfte Knirschen des Sandes in der Wüste, das gedämpfte Echo des Wassers unter der Oberfläche oder das hohle Echo in alten, zerfallenden Ruinen.

Die Übergänge zwischen verschiedenen Regionen werden nicht nur durch visuelle Hinweise, sondern auch durch subtile Veränderungen in der Klanglandschaft markiert, die den Spieler durch Ma'een führen und das Gefühl der Erkundung verstärken. Wenn der Protagonist Gebiete betritt, die von Korruption betroffen sind, wird das Sounddesign immer unharmonischer, und unnatürliche Geräusche – wie das leise Klirren von Ketten oder hohles, fernes Gebrüll – erzeugen ein immersives Gefühl von Angst und Unbehagen.

Soundeffekte während des Kampfes, Interaktion mit Objekten und Umgebungsrätsel sind ebenfalls integraler Bestandteil des Spielerlebnisses. Die Kampfgeräusche, das Rauschen von Angriffen und die Umgebungsgeräusche magischer Kräfte, die auf Spieleraktionen reagieren, sollen sowohl Feedback als auch Spannung vermitteln und die Spannung in Schlüsselmomenten erhöhen.

7.2 Musikalische Themen

Musik ist ein wesentliches Element in *Bahamut und der Waqwaq-Baum*, mit einer Partitur, die sich an den emotionalen Ton des Spiels anpasst. Die musikalischen Themen sollen die Dualität der Erzählung widerspiegeln – zwischen den Kräften von Licht und Dunkelheit, Schöpfung und Zerstörung – und gleichzeitig auf traditionelle arabische Musik und Orchestereinflüsse zurückgreifen, um dem Spiel einen einzigartigen und zeitlosen Klang zu verleihen.

Die Musik für die lichtdurchfluteten Gebiete von Ma'een zeichnet sich durch schwebende Melodien, reichhaltige Orchestrierung und Instrumente wie Oud, Qanun und Ney aus, die traditionelle Klänge des Nahen Ostens mit schwungvollen, filmischen Streichern verbinden. Diese Stücke rufen ein Gefühl von Frieden und Harmonie hervor und spiegeln die Schönheit der natürlichen Welt und die Verbindung des Protagonisten zum strahlenden Licht von Bahamut wider.

Wenn die Spieler in dunklere Regionen vordringen, verschiebt sich die Musik hin zu düstereren Tönen mit tiefen, bedrohlichen Drones, subtilen perkussiven Rhythmen und dissonanten Harmonien. Die Verwendung dieser dunkleren musikalischen Elemente trägt dazu bei, die Korruption zu kommunizieren, die sich in Ma'een ausbreitet, und spiegelt den wachsenden Konflikt innerhalb des Protagonisten wider, der darum kämpft, das Gleichgewicht zwischen Licht und Schatten aufrechtzuerhalten.

Schlüsselmomente der Geschichte werden durch dramatische Orchesterstücke untermalt und erzeugen eine emotionale Resonanz, die die Reise des Protagonisten widerspiegelt. Die Musikpartitur ist äußerst dynamisch, mit Kompositionen, die sich in Echtzeit ändern, um die Entscheidungen des Spielers, Umgebungsfaktoren und den fortlaufenden Verlauf der Geschichte widerzuspiegeln.

Das Spiel bietet außerdem unterschiedliche musikalische Themen für die Hauptcharaktere, einschließlich des Themas des Suchers, das sich weiterentwickelt, wenn der Protagonist wächst und seine Fähigkeiten freischaltet. Jeder Nebencharakter hat ein einzigartiges Leitmotiv, das seine Persönlichkeit und seine Beziehung zum Protagonisten repräsentiert. Die Musik unterstreicht nicht nur die Erzählung, sondern baut auch emotionale Verbindungen zu den Charakteren auf.

7.3 Kulturelle Einflüsse

Der Klang und die Musik von *Bahamut und der Waqwaq-Baum* sind stark von arabischen und nahöstlichen Musiktraditionen beeinflusst und verweben kulturelle Elemente mit dem Hörerlebnis des Spiels. Traditionelle Instrumente, Tonleitern und Modi aus der Region sind in der Partitur prominent vertreten und verleihen dem Spiel eine unverwechselbare kulturelle Note.

Der Einsatz von Instrumenten wie dem *alt* (ein Saiteninstrument ähnlich einer Laute), das *das Gesetz* (eine Art Zither) und die *ney* (eine Rohrflöte) erzeugt einen authentischen Klang, der eine Hommage an die reiche Musikgeschichte der Arabischen Halbinsel darstellt. Diese Instrumente werden oft mit moderneren Orchesterelementen gepaart, wodurch eine Mischung aus alten und zeitgenössischen Klängen entsteht, die perfekt zur Erzählung des

Spiels passen, die sowohl die mythische Vergangenheit als auch die gegenwärtigen Kämpfe von Ma'een umfasst.

Die Gesangsarrangements beinhalten auch Elemente der traditionellen arabischen Vokalisierung, mit melodischen Linien, die ein Gefühl von Spiritualität und Mysterium hervorrufen. Die Gesänge und Lautäußerungen in Schlüsselmomenten des Spiels sind von Sufi-Musik beeinflusst, die die Verbindung zwischen der menschlichen Seele und dem Göttlichen betont. Diese Elemente verstärken nicht nur die emotionale Wirkung des Spiels, sondern tragen auch dazu bei, die spirituellen und philosophischen Themen der Erzählung zu vermitteln.

Der Einfluss arabischer Folklore und Mystik ist auch in das Sounddesign eingewoben, da bestimmte Klanghinweise und Motive von der Mythologie der Region inspiriert sind. Bestimmte Musikstücke können beispielsweise an traditionelle Volkslieder oder zeremonielle Musik erinnern und ein Gefühl von Ritual und Ehrfurcht vor der Natur hervorrufen. Diese kulturellen Bezüge sind nahtlos in das Spiel integriert und bieten den Spielern sowohl ein immersives als auch lehrreiches Erlebnis.

7.4 Sprachausgabe

Sprachausgabe in *Bahamut und der Waqwaq-Baum* erweckt die Charaktere und die Welt zum Leben und verleiht der bereits reichhaltigen Erzählung Tiefe und Persönlichkeit. Die Stimmenbesetzung wurde sorgfältig ausgewählt, um die Vielfalt der Charaktere darzustellen und sicherzustellen, dass jede Stimme zum emotionalen Ton und kulturellen Hintergrund der von ihnen dargestellten Charaktere passt.

Der Protagonist, der Sucher, hat eine Stimme, die sich im Laufe des Spiels weiterentwickelt und ihren inneren Aufruhr und ihr Wachstum widerspiegelt. Zunächst ruhig und unsicher, wird die Stimme des Suchers immer selbstbewusster und selbstbewusster, je mehr er seine Fähigkeiten entfaltet und seinem wahren Zweck immer näher kommt. Der Schauspieler verleiht der Rolle ein Gefühl der Verletzlichkeit und ermöglicht es dem Spieler, sich mit der persönlichen Reise des Suchers zu verbinden.

Nebencharaktere wie Nahla, Zayn, Laila und Ibrahim werden alle von talentierten Schauspielern gesprochen, die ihre Persönlichkeit mit Nuancen und Tiefe zum Leben erwecken. Nahlas Stimme strahlt intellektuelle Weisheit aus, während Zayns rauer Tonfall seine Vergangenheit als Krieger widerspiegelt. Lailas Stimme ist sanft und dennoch kryptisch, mit einem geheimnisvollen Unterton, der die Spieler über ihre wahren Absichten im Unklaren lässt. Ibrahims jugendliche und optimistische Stimme steht im Kontrast zu den dunkleren Momenten des Spiels und vermittelt ein Gefühl von Hoffnung und Ausgeglichenheit.

Die antagonistischen Kräfte werden mit der Absicht geäußert, zu verunsichern und zu verstören. Die Stimmen der Geister von Falak zum Beispiel sind verzerrt und hallen mit jenseitigen Effekten wider, die ihre Andersartigkeit und Verdorbenheit zum Ausdruck bringen. Die Stimmen von „The Harbingers of Corruption" und „The Weaver" haben eine gruselige, unnatürliche Qualität, was die Spannung in konfrontativen Momenten erhöht.

Die Sprachausgabe wird durch das außergewöhnliche Sounddesign des Spiels verbessert, wobei Umgebungsgeräusche, Umgebungseffekte und subtile Hintergrundgeräusche den Dialog ergänzen. Die dynamische Natur der Sprachausgabe bedeutet, dass die Charaktere je nach Entscheidungen des Spielers unterschiedlich reagieren und die emotionale Bedeutung der Schlüsselszenen mit der vollen Wirkung der Sprachdarbietungen zum Ausdruck kommt.

Sprachausgabe in *Bahamut und der Waqwaq-Baum* hebt die Erzählung hervor und macht die Geschichte jedes Charakters persönlicher und ansprechender. Es vertieft auch die emotionale Verbindung des Spielers zur Welt von Ma'een und stellt sicher, dass die Geschichte des Spiels noch lange nach dem Abspann nachhallt.

KAPITEL 8: STRATEGIE UND FORTSCHRITT

8.1 Spielfortschritt

Der Spielverlauf in *Bahamut und der Waqwaq-Baum* soll den Spielern beim Navigieren durch die weitläufige Welt von Ma'een ein Gefühl des Wachstums und der Entdeckung vermitteln. Das Fortschrittssystem ist sowohl linear als auch nichtlinear und ermöglicht es den Spielern, ihren Weg zu wählen und dabei der Kernerzählung zu folgen.

Zu Beginn des Spiels lernen die Spieler den Protagonisten, den Sucher, kennen, der zunächst über grundlegende Fähigkeiten im Zusammenhang mit Licht und Schatten verfügt. Während der Sucher Ma'een erkundet, wird er auf wichtige Ereignisse der Geschichte stoßen und wichtige NPCs treffen, die ihm dabei helfen, neue Kräfte freizuschalten, alte Geheimnisse aufzudecken und entscheidende Entscheidungen zu treffen, die sich auf den Ausgang des Spiels auswirken. Der Erzählverlauf ist an die Umgebung gebunden, wobei bestimmte Regionen erst zugänglich sind, nachdem bestimmte Aufgaben erledigt oder bestimmte Fähigkeiten freigeschaltet wurden. Dies ermöglicht ein Erfolgs- und Erkundungserlebnis, wenn die Spieler tiefer in die Welt eintauchen.

Die Hauptereignisse der Geschichte entfalten sich in einer Reihe von Kapiteln, deren Komplexität allmählich zunimmt. Jedes Kapitel stellt neue Umgebungen, Charaktere und Handlungsstränge vor, die den Protagonisten herausfordern. Auf dem Weg dorthin wird der Sucher sowohl mit internen als auch externen Konflikten konfrontiert sein, die den allumfassenden Kampf zwischen Licht und Dunkelheit widerspiegeln. Je weiter die Spieler vorankommen, desto mehr Auswahlmöglichkeiten werden ihnen geboten, die die

Charakterentwicklung des Protagonisten prägen und das Ende des Spiels beeinflussen und für Wiederspielbarkeit und ein personalisiertes Erlebnis sorgen.

Auch Nebenquests und optionale Ziele spielen eine entscheidende Rolle im Spielverlauf. Diese Quests ermöglichen es den Spielern, versteckte Gebiete zu erkunden, Umgebungsrätsel zu lösen und wertvolle Belohnungen zu erhalten, die ihre Fähigkeiten und ihr Verständnis von Ma'een verbessern. Die Kombination aus Hauptstory-Fortschritt, Charakterentwicklung und Nebenquests sorgt für ein reichhaltiges, immersives Erlebnis.

8.2 Upgrades und Fähigkeiten

Der Fortschritt des Suchers hängt eng mit seiner Fähigkeit zusammen, auf seiner Reise durch Ma'een neue Kräfte und Upgrades freizuschalten. Diese Upgrades sind unerlässlich, um die Herausforderungen des Spiels zu meistern und die Beziehung des Suchers zu Licht und Dunkelheit weiterzuentwickeln.

1. Lichtfähigkeiten – Der Sucher beginnt mit grundlegenden Lichtkräften, die heilen, beschädigte Bereiche reinigen und dunkle Umgebungen erhellen können. Im Laufe seines Fortschritts kann der Sucher mächtigere Lichtfähigkeiten freischalten, wie etwa das Beschwören von Strahlen strahlender Energie, um Feinde anzugreifen, das Errichten von Schutzschilden und das Säubern von Gebieten mit tiefer Verderbnis. Der Einsatz von Lichtfähigkeiten ist der Schlüssel zum Navigieren in von Dunkelheit verdorbenen Gebieten und zum Lösen lichtbasierter Rätsel.
2. Fähigkeiten der Dunkelheit – Parallel zu ihren Lichtfähigkeiten erhält der Sucher auch Zugang zu dunkleren Kräften, die es

ihm ermöglichen, Schatten zu manipulieren, sich durch dunkle Räume zu teleportieren und dunkle Kreaturen zu beschwören, um sie im Kampf zu unterstützen. Die Fähigkeiten der Dunkelheit sind mächtig, bergen jedoch Risiken, da übermäßiger Gebrauch den Protagonisten verderben kann, was sich sowohl auf sein Aussehen als auch auf seine Beziehung zu Nebencharakteren auswirkt. Das Ausbalancieren von Licht und Dunkelheit wird zu einem zentralen Thema, wenn die Spieler entscheiden, wie sie diese Kräfte einsetzen.

3. Umweltmanipulation – Einige Fähigkeiten sind an die Welt um den Sucher herum gebunden. Beispielsweise kann der Sucher lernen, die Umgebung zu manipulieren, um Rätsel zu lösen, etwa Plattformen mithilfe von Lichtstrahlen zu verschieben, Weinreben anzubauen, um höher gelegene Gebiete zu erreichen, oder den Wasserfluss zu steuern, um Zugang zu versteckten Pfaden zu erhalten. Diese Kräfte sind von entscheidender Bedeutung, wenn es darum geht, geheime Bereiche aufzudecken und verborgene Inhalte des Spiels freizuschalten.

4. Kampf-Upgrades – Während der Protagonist gegen Feinde kämpft, erhält er Erfahrungspunkte (XP), die zur Verbesserung seiner Kampffähigkeiten verwendet werden können. Dazu gehört die Verbesserung ihrer Angriffsgeschwindigkeit, ihres Schadensausstoßes und der Wirksamkeit ihrer Spezialfähigkeiten. Spieler können auch neue Kampftechniken freischalten, wie zum Beispiel mächtige Flächenangriffe, Combo-Moves und die Fähigkeit, feindlichen Angriffen entgegenzuwirken. Je mehr der Sucher in den Kampf verwickelt wird, desto mehr entwickelt sich sein Kampfstil und ermöglicht personalisierte Spielstile.

5. Fähigkeiten der Gefährten – Im Laufe des Spiels erhält der Sucher die Hilfe mehrerer Gefährten. Jeder Gefährte verfügt über seine eigenen einzigartigen Fähigkeiten, die die

Fähigkeiten des Suchers ergänzen. Spieler können diese Fähigkeiten durch Interaktion und Nebenquests verbessern, sodass Gefährten an Kämpfen, Rätseln und Erkundungen teilnehmen können. Die Verbesserung der Gefährtenfähigkeiten verbessert die Teamarbeit und die strategische Tiefe.

8.3 Ressourcenmanagement

Ressourcenmanagement in *Bahamut und der Waqwaq-Baum* spielt eine entscheidende Rolle für das Überleben des Suchers und seine Fähigkeit, im Spiel voranzukommen. Die Welt von Ma'een ist riesig und gefährlich, und ein effektiver Umgang mit Ressourcen ist für die Bewältigung von Herausforderungen unerlässlich, sei es bei der Heilung von Wunden, der Stärkung von Fähigkeiten oder der Navigation durch schwierige Gebiete.

1. Licht- und Schattenenergie – Die Licht- und Dunkelheitsfähigkeiten des Suchers werden von einer Energieressource angetrieben, die sich mit der Zeit regeneriert, aber durch bestimmte Gegenstände oder Umgebungsquellen wieder aufgefüllt werden kann. Das Gleichgewicht zwischen Licht- und Schattenenergie ist von entscheidender Bedeutung, da die Verwendung von zu viel davon den Sucher anfällig für Verderbnis macht, während eine zu geringe Verwendung seine Fähigkeit, zu kämpfen oder Rätsel zu lösen, beeinträchtigen kann.
2. Heilgegenstände – Heilgegenstände sind in ganz Ma'een verstreut, darunter Tränke, Früchte vom Waqwaq-Baum und heilende Kristalle. Spieler können diese Gegenstände sammeln und aufbewahren, um ihre Gesundheit wiederherzustellen oder negative Statuseffekte zu beseitigen.

Diese Ressourcen sind endlich, daher müssen Spieler sie mit Bedacht einsetzen, insbesondere in schwierigeren Gebieten oder im Kampf mit mächtigen Feinden.

3. Magische Artefakte – Im Laufe des Spiels entdecken die Spieler magische Artefakte, die die Fähigkeiten des Suchers verbessern oder ihm neue Kräfte verleihen können. Diese Artefakte können mit NPCs gehandelt oder in bestimmten Regionen verwendet werden, um versteckte Bereiche freizuschalten. Artefakte können auch kombiniert werden, um neue Upgrades oder Verbrauchsmaterialien zu erstellen, die dem Sucher bei seiner Suche helfen.

4. Währung und Handel – Ma'een verfügt über ein Währungssystem, mit dem Upgrades, Gegenstände und Ausrüstung von Händlern auf der ganzen Welt gekauft werden können. Spieler können Geld verdienen, indem sie Quests abschließen, Feinde besiegen und versteckte Gebiete erkunden. Der Handel mit NPCs spielt eine Rolle beim Erwerb besonderer Gegenstände oder seltener Ressourcen, die für den Fortschritt notwendig sind.

5. Korruptionswiderstand – Während Spieler durch die verdorbenen Gebiete von Ma'een reisen, werden sie auf Widerstandsherausforderungen stoßen, die mit der Verbindung des Suchers zu Licht und Dunkelheit zusammenhängen. Spezifische Ressourcen können den Widerstand des Suchers gegen Korruption stärken, eine Verschlechterung seiner Gesundheit verhindern und sicherstellen, dass er sich mit minimalem Schaden durch diese Gebiete bewegen kann. Diese Ressourcen sind selten und müssen sorgfältig verwaltet werden, um eine übermäßige Korruption zu vermeiden.

8.4 Herausforderungen und Belohnungen

Das Spiel bietet eine Vielzahl von Herausforderungen, die die Spieler nicht nur mit Upgrades und Story-Fortschritten belohnen, sondern auch mit einem tieferen Verständnis der Welt und ihrer Geheimnisse.

1. Umwelträtsel – Die Rätsel des Spiels sollen die Fähigkeit der Spieler herausfordern, kritisch zu denken und die Umgebung zu ihrem Vorteil zu nutzen. Bei vielen Rätseln müssen die Spieler Licht und Schatten manipulieren, Objekte bewegen oder Umgebungsmerkmale wie Wasser, Wind oder Pflanzen nutzen, um neue Bereiche freizuschalten. Die Belohnungen für das Lösen dieser Rätsel reichen von seltenen Gegenständen bis hin zum Freischalten neuer Story-Pfade oder versteckter Überlieferungen über Ma'een.

2. Kampfprüfungen – Zusätzlich zu den regulären Kampfbegegnungen, *Bahamut und der Waqwaq-Baum* bietet Kampfprüfungen, die die Fähigkeiten des Suchers im Kampf testen. Bei diesen Prüfungen geht es oft darum, Wellen von Feinden zu besiegen, sich an Bosskämpfen zu beteiligen oder sich verdorbenen Kreaturen zu stellen. Das Abschließen dieser Prüfungen belohnt die Spieler mit leistungsstarken Upgrades, einzigartigen Fähigkeiten und Zugang zu geheimen Bereichen.

3. Nebenquests und Erkundungen – Nebenquests bieten eine Fülle von Belohnungen, von neuen Charakteren und Verbündeten bis zu seltenen Gegenständen und Wissen über die Geschichte von Ma'een. Spieler können an verschiedenen Erkundungsherausforderungen teilnehmen, darunter Schnitzeljagden nach seltenen Ressourcen, das Aufdecken verlorener Tempel oder die Unterstützung von

NPCs bei ihren persönlichen Geschichten. Diese Nebenquests bieten Spielern die Möglichkeit, mehr über die Welt, ihre Bewohner und ihre Geschichte zu erfahren.

4. Moralische Entscheidungen und alternative Enden – Eine der größten Herausforderungen in *Bahamut und der Waqwaq-Baum* ist die moralische Entscheidung, die Spieler während des Spiels treffen müssen. Diese Entscheidungen, insbesondere hinsichtlich des Gleichgewichts zwischen Licht und Dunkelheit, wirken sich auf die Reise des Suchenden und die Beziehungen aus, die er mit anderen aufbaut. Das Spiel verfügt über mehrere Enden, die auf den Entscheidungen des Spielers basieren, was Wiederspielbarkeit und verschiedene Wege zum Erkunden bietet. Jedes Ende belohnt den Spieler mit einer einzigartigen Perspektive auf die Welt von Ma'een und die Konsequenzen seiner Handlungen.

KAPITEL 9: TIPPS UND TRICKS

9.1 Navigieren in Ma'een

Navigieren durch die weite Welt von *Bahamut und der Waqwaq-Baum* ist ein wesentlicher Teil des Spielerlebnisses und erfordert, dass die Spieler sowohl ihren Verstand als auch ihre Fähigkeiten einsetzen, um die vielfältigen Umgebungen von Ma'een zu durchqueren. Die Welt ist offen und vernetzt und bietet eine Mischung aus linearer und nichtlinearer Erkundung. Hier sind einige wichtige Aspekte der Navigation:

1. Dynamische Umgebungen – Jedes Gebiet in Ma'een ist mit einer Reihe einzigartiger Umweltherausforderungen ausgestattet. Von dichten Wäldern voller tückischem Gelände bis hin zu Unterwasserstädten, in denen man schwimmen und tauchen muss – bei der Navigation müssen sich die Spieler oft an ihre Umgebung anpassen. Das Spiel nutzt ein dynamisches Wettersystem, das sich auf Sicht und Bewegung auswirken kann. Beispielsweise kann Nebel in bestimmten Gebieten die Wege verdecken und Regenstürme können neue Gefahren wie rutschige Oberflächen oder steigendes Wasser schaffen.

2. Nutzung von Licht und Dunkelheit – Die Licht- und Schattenfähigkeiten des Suchers sind für die Navigation in der Umgebung von entscheidender Bedeutung. Lichtquellen können versteckte Pfade aufdecken, ansonsten unsichtbare Objekte beleuchten oder von Dunkelheit befleckte Bereiche reinigen. Umgekehrt kann der Sucher die Dunkelheit nutzen, um durch Schatten zu schlüpfen, Zugang zu verborgenen Räumen zu erhalten und Hindernisse zu umgehen. Die Interaktion zwischen diesen Elementen ist der Schlüssel zur Erkundung der Welt und zur Erschließung neuer Bereiche.

3. Klettern und Vertikalität – Viele Regionen in Ma'een zeichnen sich durch vertikale Landschaften aus, in denen der Sucher Klippen erklimmen, Wände erklimmen oder über Abgründe springen muss. Im Verlauf des Spiels kann der Sucher Fähigkeiten freischalten, die seine Mobilität verbessern, z. B. das Laufen an Wänden oder die Verwendung von Licht zur Schaffung temporärer Plattformen. Vertikale Navigation ist oft mit Rätsellösungs- und Kampfstrategien verbunden, da Spieler ihre Umgebung voll ausnutzen müssen, um voranzukommen.

4. Schnellreisesystem – Ma'een ist umfangreich und um Fernreisen komfortabler zu gestalten, bietet das Spiel ein Schnellreisesystem, das es Spielern ermöglicht, sich zu zuvor freigeschalteten Orten zu teleportieren. Diese Funktion trägt dazu bei, das Zurückverfolgen zu reduzieren, sodass sich die Spieler mehr auf die Erkundung und die Haupthandlung konzentrieren können. Allerdings sind Schnellreisepunkte strategisch platziert und um sie freizuschalten, müssen oft bestimmte Quests abgeschlossen oder versteckte Regionen entdeckt werden.

9.2 Rätsel lösen

Rätsel sind ein zentrales Merkmal von *Bahamut und der Waqwaq-Baum*, und sie sind so gestaltet, dass sie sowohl herausfordernd als auch lohnend sind und oft mit den Spielthemen Licht und Dunkelheit verflochten sind. So können Spieler die Rätsellösungsmechanik angehen:

1. Umweltinteraktion – Viele Rätsel basieren auf der Interaktion mit der Umwelt. Spieler müssen möglicherweise Objekte bewegen, Lichtstrahlen manipulieren oder alte Mechanismen

aktivieren, um neue Wege freizuschalten. Beispielsweise müssen Spieler möglicherweise Spiegel ausrichten, um Sonnenlicht auf bestimmte Ziele zu reflektieren, Geheimtüren zu öffnen oder leistungsstarke Geräte zu aktivieren.

2. Licht- und Schattenmanipulation – Eine zentrale Rätselmechanik im Spiel ist die Verwendung von Licht und Schatten. Bei einigen Rätseln müssen die Spieler ihre Lichtfähigkeiten einsetzen, um versteckte Objekte zu beleuchten oder geheime Symbole zu enthüllen, während bei anderen die Spieler möglicherweise schattenbasierte Kräfte einsetzen müssen, um bestimmte Bereiche zu verdecken oder Wege durch die Dunkelheit zu schaffen. Das Zusammenspiel von Hell und Dunkel verleiht dem Rätsellösungserlebnis eine einzigartige Ebene und bietet je nach Herangehensweise des Spielers unterschiedliche Lösungen.

3. Zeitbasierte Herausforderungen – Bestimmte Rätsel in *Bahamut und der Waqwaq-Baum* sind zeitkritisch und erfordern von den Spielern schnelles Handeln und eine sorgfältige Planung ihrer Bewegungen. Um beispielsweise einen Mechanismus zu aktivieren, der ein Tor öffnet, kann es erforderlich sein, dass der Sucher es erreicht, bevor der Mechanismus zurückgesetzt wird. Diese Rätsel sorgen für zusätzliche Spannung und Spannung und zwingen die Spieler dazu, spontan nachzudenken und im Voraus über mehrere Lösungen nachzudenken.

4. Kombination und Verwendung von Gegenständen – In einigen Rätseln müssen Spieler Gegenstände kombinieren, die auf der ganzen Welt gefunden werden. Beispielsweise könnte ein seltenes Artefakt erforderlich sein, um eine bestimmte Tür zu öffnen oder mit einem mystischen Objekt zu interagieren. Diese Gegenstände dienen oft als Schlüssel zum Verständnis der tieferen Überlieferungen von Ma'een, während ihre Verwendung in Rätseln die Spieler mit

erheblichen Fortschritten und Gegenständen belohnt, die für Charakter-Upgrades benötigt werden.

9.3 Kampfstrategien

Kämpfe ein *Bahamut und der Waqwaq-Baum* ist dynamisch und erfordert von den Spielern, ihre Strategien an die Feinde, denen sie gegenüberstehen, und die Umgebung, in der sie kämpfen, anzupassen. Das Spiel bietet eine Kombination aus Echtzeit-Action und strategischer Entscheidungsfindung, wodurch sich der Kampf flüssig und fesselnd anfühlt.

1. Licht vs. Dunkelheit – Das Gleichgewicht zwischen Licht und Dunkelheit ist ein wichtiger Faktor im Kampf. Die Lichtfähigkeiten des Suchers können genutzt werden, um dunkle Feinde zu kontern, verdorbene Gebiete zu reinigen und Verbündete zu heilen, während die Fähigkeiten der Dunkelheit es dem Sucher ermöglichen, hohen Schaden zu verursachen, Angriffen auszuweichen und das Schlachtfeld zu manipulieren. Die Spieler müssen ihre Kampfstrategien an die Art der Feinde anpassen, denen sie gegenüberstehen, und die geeigneten Fähigkeiten auswählen, um Schwächen auszunutzen und den Kampfablauf zu steuern.

2. Kontern und Ausweichen – Im Kampf liegt der Schwerpunkt auf der taktischen Entscheidungsfindung, einschließlich Blocken, Ausweichen und Gegenangriffen. Feinde haben eine Reihe von Angriffsmustern, und die Spieler müssen ihre Bewegungen sorgfältig beobachten, um eingehende Schläge zu vermeiden und Möglichkeiten für mächtige Konter zu schaffen. Der Sucher kann auch Umgebungsobjekte als Deckung nutzen, um Feinde in Fallen zu locken oder Umweltgefahren auszulösen.

3. Einsatz von Gefährten – Im Laufe des Spiels erhält der Sucher Gefährten mit einzigartigen Kampffähigkeiten. Nahla kann beispielsweise mit magischen Projektilen Fernunterstützung leisten, während Zayn seine Stärke und Verteidigungsfähigkeiten einsetzt, um den Sucher zu schützen. Spieler können während des Kampfes zwischen Gefährten wechseln, um ihre Fähigkeiten in verschiedenen Szenarien einzusetzen und Angriffe für maximale Effizienz zu koordinieren. Die Verbesserung der Fähigkeiten der Gefährten ist entscheidend für die Bewältigung schwierigerer Herausforderungen.

4. Feindtypen und Taktiken – In den verschiedenen Regionen Ma'eens gibt es unterschiedliche Feinde, jeder mit seinen eigenen Stärken und Schwächen. Einige Feinde sind möglicherweise lichtresistent, sodass der Spieler sich stärker auf schattenbasierte Fähigkeiten verlassen muss, während andere möglicherweise anfällig für Elementarangriffe sind. Die Kenntnis der Eigenschaften des Feindes ist der Schlüssel zur Entwicklung einer effektiven Kampfstrategie. Manche Gegner verfügen möglicherweise auch über Spezialbewegungen, mit denen die Spieler rechnen müssen, etwa mächtige Flächenangriffe oder Verteidigungsschilde, die durchbrochen werden müssen.

9.4 Verborgene Geheimnisse

Ma'een ist voller verborgener Geheimnisse, die Spieler für Erkundung und scharfe Beobachtung belohnen. Diese Geheimnisse bieten zusätzliche Überlieferungen, mächtige Upgrades und einzigartige Gegenstände, die dem Sucher auf seiner Reise helfen. Hier sind einige Möglichkeiten, wie Spieler verborgene Geheimnisse aufdecken können:

1. Versteckte Gebiete – Viele Regionen in Ma'een enthalten versteckte Gänge, Geheimkammern oder unzugängliche Zonen, die nur durch Erkundung entdeckt werden können. Einige dieser Bereiche sind hinter Rätseln verschlossen, sodass die Spieler Licht, Schatten oder Umgebungselemente manipulieren müssen, um Zugang zu ihnen zu erhalten. Diese geheimen Zonen beherbergen oft seltene Sammlerstücke, Wissensfragmente und mächtige Gegenstände, die erhebliche Vorteile bieten.
2. Antike Relikte und Artefakte – Auf der ganzen Welt sind antike Relikte und Artefakte verstreut, von denen viele mit der Hintergrundgeschichte von Ma'een verknüpft sind. Das Sammeln dieser Gegenstände bietet nicht nur nützliche Gameplay-Verbesserungen, sondern enthüllt auch Ausschnitte aus der Weltgeschichte. Einige dieser Relikte können an bestimmte Quests oder Charakterinteraktionen gebunden sein, und das Sammeln aller davon kann mächtige Belohnungen freischalten oder das Ende des Spiels beeinflussen.
3. NPC-Interaktionen und Nebenquests – Viele verborgene Geheimnisse werden durch die Interaktion mit den Bewohnern von Ma'een aufgedeckt. NPCs bieten manchmal Nebenquests oder Hinweise an, die zu versteckten Orten, seltenen Gegenständen oder mächtigen Upgrades führen. Das Abschließen dieser Nebenquests kann das Verständnis des Spielers für die Welt und ihre Überlieferungen vertiefen und durch die Charakterentwicklung emotionale Belohnungen bieten.
4. Zeitlich begrenzte Ereignisse – Einige verborgene Geheimnisse sind nur bei bestimmten Ereignissen im Spiel verfügbar, beispielsweise bei besonderen Wetterbedingungen, Mondphasen oder Himmelskonstellationen. Spieler müssen aufmerksam sein und ihre Aktionen sorgfältig planen, um diese

vorübergehenden Gelegenheiten zu nutzen. Diese zeitlich begrenzten Ereignisse können seltene Begegnungen mit mächtigen Feinden freischalten oder Zugang zu verborgenen Schätzen bieten, die auf andere Weise nicht erlangt werden können.

KAPITEL 10: ZUKUNFT VON BAHAMUT UND DER WAQWAQ-BAUM

10.1 Kommende Updates

Als *Bahamut und der Waqwaq-Baum* weiterhin Aufmerksamkeit erregt, haben die Entwickler eine Roadmap erstellt, die wichtige kommende Updates enthält, die darauf abzielen, sowohl das Gameplay als auch die narrative Tiefe zu verbessern. Diese Updates umfassen neue Story-Inhalte, zusätzliche Nebenquests, erweiterte Regionen von Ma'een zum Erkunden und erweiterte Charakterfähigkeiten. Zukünftige Patches werden auch das Feedback der Community berücksichtigen, UI/UX-Elemente verbessern, Fehler beheben und das Gleichgewicht zwischen Licht- und Dunkelheitsmechanik verfeinern. Erwarten Sie saisonale Ereignisse und zeitlich begrenzte Herausforderungen, die den Wiederspielwert erhöhen und überlieferte Inhalte einführen, die mit Ma'eens mythologischen Grundlagen verknüpft sind.

10.2 Konsolenversionen

Das Spiel ist derzeit auf dem PC verfügbar. Die Veröffentlichung von Konsolenversionen für PlayStation 5, Xbox Series X|S und Nintendo Switch ist in naher Zukunft geplant. Die Entwickler optimieren die Leistung für jede Plattform, um konsistente Bildraten, eine Controller-freundliche Benutzeroberfläche und Parität bei den Inhalten sicherzustellen. Cross-Save- und Cross-Plattform-Funktionen werden ebenfalls untersucht, um einen nahtlosen Übergang zwischen Systemen zu ermöglichen. Die Konsolenversionen enthalten alle aktuellen Patches und Updates, mit plattformspezifischen Verbesserungen wie adaptiven Triggern für PS5 und Touchscreen-Integration für die Switch.

10.3 Community-Engagement

Das Engagement der Gemeinschaft spielt eine entscheidende Rolle beim Wachstum von *Bahamut und der Waqwaq-Baum*. Ein offizieller Discord-Server, die Reddit-Community und Entwicklerblogs sind zentrale Knotenpunkte, an denen Spieler Entdeckungen teilen, Funktionen vorschlagen und an von Entwicklern veranstalteten Veranstaltungen teilnehmen können. Community-Herausforderungen wie Speedrun-Wettbewerbe oder Lore-Theorie-Threads werden durch Belohnungen im Spiel oder besondere Erwähnungen gefördert. Die Entwickler veranstalten außerdem regelmäßig Livestreams und Frage-und-Antwort-Runden, in denen sie Fankreationen hervorheben, auf Feedback eingehen und neue Inhalte vorstellen. Es gibt eine von der Community gesteuerte Feedbackschleife, um von Spielern gewünschte Funktionen und Verbesserungen zu priorisieren.

10.4 Entwicklereinblicke

Die Schöpfer von *Bahamut und der Waqwaq-Baum* haben häufig ihr Engagement für die Entwicklung eines Spiels betont, das auf reichhaltiger Folklore, emotionalem Geschichtenerzählen und fesselndem Gameplay basiert. Durch Entwicklertagebücher und Inhalte hinter den Kulissen erhalten Fans Einblick in die Inspiration hinter Schlüsselelementen – wie der Verwendung vorislamischer arabischer Mythen, umweltbezogenem Geschichtenerzählen und dem thematischen Kontrast zwischen Reinheit und Korruption. Das

Team teilt Konzeptzeichnungen, Designphilosophien und Anekdoten über Herausforderungen während der Entwicklung. Diese Erkenntnisse fördern nicht nur die Wertschätzung für die Kunst hinter dem Spiel, sondern schaffen auch eine starke Bindung zwischen den Machern und ihrem Publikum.